하느님은 나의 목자시라, 그렇지만…

바바라 유르겐센 지음
이현주 옮김

당그래

마음이 가난한 이들을 위하여

목 차

□ **보통사람, 도무지 잘못 생각하다** · 9
  하느님은 나의 목자시라, 그렇지만…

□ **보통사람, 유감의 뜻을 표하다** · 13
  미안합니다, 하느님. 우린 너무 자랐어요.

□ **보통사람, 두 손을 비비다** · 17
  금방이라도 비상 단추를 눌러야겠습니다.

□ **보통사람, 실험해보다** · 21
  그리스도교의 가르침은 그게 아닙니다.

□ **보통사람, 포기하다** · 27
  하느님은 믿을 수가 없어

□ **보통사람, 항의하다** · 29
  하느님, 인생을 이토록 고달프게 만드시지 않았어야 합니다.

□ **보통사람, 자기 생각을 말하다** · 33
  십자가는 싫어요

□ **보통사람, 바쁜 한 주간을 보내다** · 35
  성경 읽을 시간이 없네

□ **보통사람, 질문하다** · 37
  왜 내가 하느님을 찬양해야 하는가?

□ **보통사람, 잘난 척하다** · 41
  모두가 저만 같다면야…

□ **보통사람, 자신의 위치를 점검해보다** · 45
  누릴 만한 것들을 누리고 있는 겁니다.

□ **보통사람, 손가락질하다** · 49
  오, 저 수도승들

□ **보통사람, 호소하다** · 53
저는 매일 십자가를 집니다.

□ **보통사람, 마음으로 헤매다** · 55
어디까지 계산했었지?

□ **보통사람, 저승사자를 만나다** · 59
방문객

□ **보통사람, 성경이 닳는 것을 막다** · 63
쉬드들루 부인이 총채를 떨어뜨린 날

□ **보통사람, 새로운 사실을 발견하다** · 67
즐기라고 주신 것은 즐겨야지

□ **보통사람, 몇가지 사실을 인정하다** · 73
예수님이 만일 보다 더 나와 비슷한 분이었다면
그의 생애는 아마도 이러 했으리라

□ **보통사람, 받아 마땅한 벌을 받다** · 75
빈 의자 사건

□ **보통사람, 기도를 중단하다** · 81
약간의 문제가 있었다

□ **보통사람, 또 다른 사실을 발견하다** · 85
하늘나라의 정오

□ **보통사람, 상대방이 되어 생각해보다** · 89
내가 만일 흑인으로 태어났다면

□ **보통사람, 하느님을 보지 못했다는 소련의 우주인을 기억하다** · 91
…에 계시는 하느님

□ **보통사람, 하느님을 발견하다** · 93
성 의무 교회에서 일어난 일

□ 보통사람, 도무지 잘못 생각하다

하느님은 나의 목자시라, 그렇지만…

□ 보통사람, 도무지 잘못 생각하다

하느님은 나의 목자시라, 그렇지만…

― 하느님은 나의 목자시라

그렇지만 하느님, 요즘 너무나도 바빠서 당신께서 인도하시는 대로 따라가지 못하고 있는 저의 형편을 아시지 않습니까? 아마 내일도 마찬가질 겁니다. 그 다음날도 그렇겠고요.

― 나에게 아쉬울 것 없도다.

살아가는 데 필요한 최소한도의 필수품만 생각하면 아쉬울 것도 없지요. 그렇지만 하느님, 어디 사람이 필수품만 가지고 살 수 있습니까? ― 이를테면 혼자서 볼 수 있는 개인용 텔레비전 수상기, 멋진 요트, 거액의 은행 구좌 같은 것은 있기만 하면 얼마든지 써먹을 수 있는 것들이지요. 그리고 보니 나에게는 너무나도 아쉬운 게 많군요!

― 푸른 풀밭에 누워 놀게 하시고

푸른 하늘이라! 좋지요. 그렇지만 요즘 같아서야 어디 풀밭에 나가 누워 놀 짬이 있어야지요. 나로서는 어림도 없는 일입니다.

― 잔잔한 물가로 이끌어 쉬게 하시어

듣기만 해도 기분 좋은 말이군요. 언젠가 천당에 가면 당신과 함께 그런 산보를 할 수 있게 되기를 바랍니다. 그러나 지금은 제 형편이 어떤지 잘 아시지 않습니까? 해도 해도 밀리기만 하는 일거리들…

― 내 영혼을 소생케 하시고

뭘 어떻게 하신다고요? 아, 소생케 하신다! ― 그러니까 낡은 옷장을 수리하여 얼마쯤 더 쓰게 하듯이 말씀이지요? 그것도 수월찮은 일거리지요.

안 그렇습니까? 하느님께서 그렇게 하시겠거든, 좋습니다. 하십시오. 그렇지만 제 영혼은 지금 이대로도 꽤 쓸 만합니다.

— 당신의 이름을 위하여 나를 올바른 길로 이끄시는 도다.

저는, 하느님, 제가 할 수 있는 한 올바른 일을 합니다. 그렇지만 올바른 일 말고도 저에게는 할 일이 많군요. 이 짧은 인생을 얼마쯤 연기할 수는 없을까요?

— 나 비록 음산한 죽음의 골짜기를 지날지라도 내 곁에 주님 계시오니 무서울 것 없어라.

하느님, 꼭 제 곁에 계셔주시겠지요? 그렇지요? 그런 무시무시한 곳을 저 혼자서는 못갑니다.

— 막대기와 지팡이로 인도하시니 걱정할 것 없어라.

지팡이는 좀 더 많이 드시고 막대기는 조금 덜 드시는 게 어떻겠습니까? 도대체 저를 무엇으로 만드시려는 건가요? — 성자입니까?

— 원수를 보라는 듯 상을 차려주시고

지금까지는 제가 원수들이 상을 차리고 즐거워하는 걸 보는 처지였어요. 이제는 그자들에게 보여줍시다!

— 기름 부어 내 머리에 발라주시니

뭘 하러요?

— 내 잔이 넘치옵니다.

제가 좋아하는 것들을 말씀드릴 때 미처 꼽지 못한 게 많이 있습니다. — 자가용 자동차, 보다 많은 의복, 하와이 여행…,

— 한평생 은총과 복에 겨워 사는 이 몸 영원히 주님 집에 거하리이다.

하느님, 저는 지금 좀 바쁜 사람입니다. — 그렇지만 저를 위해서 방 하나쯤 비워놓으시겠지요? 네?

□ 보통사람, 유감의 뜻을 표하다

미안합니다, 하느님. 우린 너무 자랐어요

□ 보통사람, 유감의 뜻을 표하다
미안합니다, 하느님. 우린 너무 자랐어요

아시겠습니까? 당신이 세상을 지으신 이래 오랜 세월이 흘렀습니다. 세월이 흐르는 동안 사람은 과학적으로 상당히 발전했어요. 우리는 자그마치 원소를 103개나 발견했습니다…

— 원소 103개라… 나는 그보다 조금 더 많이 만들었는데? 더 찾아봐라.

그리고 우리는 원자를 분열시켰습니다. 그래서 우주 안에 숨어 있는 가장 거대한 힘을 뽑아냈지요…

— 우주 안에 있는 가장 큰 힘을 뽑아냈다고? 이제 겨우 열쇠를 돌리기 시작했으면서! 그리고 우주 안에 있는 가장 큰 힘이란 것도 그게 아닌 다른 걸 거다. 너희는 이제 가까스로 나의 영과 사람의 힘을 이 세계에 풀어놓기 시작했지 않느냐?

그리고 우리가 어떻게 우주를 정복하는지 보십시오!

— 우주를 정복? 언제고 너희가 지금 가지고 있는 가장 큰 망원경보다 12배쯤 더 큰 망원경을 만들게 되거든 그것을 가장 빠른 우주선으로 너희가 닿을 수 있는 가장 먼 별에 옮겨다 놓고 그 별의 저쪽을 관찰해 보아라.

그리고 우리가 어떻게 무서운 질병들을 물리쳤는지 보십시오! 지금도 우리는 해마다 새로운 치료방법을 발견한답니다.

— 그래, 너는 누가 네 질병을 고쳐준다고 생각하느냐?

그리고 인간관계 분야에서 우리가 이룩한 놀라운 업적을 보십시오! 우리가 지난날에는 얼마나 야만인이었고 지금은 얼마나 문명인인지 생각해 보세요. 이제 우리는 더 이상 '십계명' 같은 게 필요 없습니다. 성숙한 인간은 자기 자신을 돌볼 수 있게 됐으니까요.
　― 내가 서 있는 자리에서 보면 지금 이 순간 세계에서 무슨 일이 일어나고 있는지 한 눈에 다 보인단다. 이리로 올라와서 문명인이 지금 무슨 짓을 하고 있는지 보겠니?
　그리고 지금 우리에게는 우리들의 정신적인 문제를 해결해주는 정신과 의사들도 있답니다. 그러므로 하느님, 이제 우리가 너무 많은 관심을 당신께 기울인다는 것은 어리석고도 시대에 뒤진 짓이 되는 까닭을 당신께서도 아실 것입니다. 이렇게까지 말씀드리게 된 것을 죄송하게 생각합니다만, 그러나 이것이 진보라는 겁니다.

□ 보통사람, 두 손을 비비다

금방이라도 비상 단추를 눌러야겠습니다

왜 세상은 제가 마음놓고 살만큼
안전하지못한겁니까. 하느님

□ 보통사람, 두 손을 비비다
금방이라도 비상 단추를 눌러야겠습니다

    도대체 오늘 날에는 너무나도 불안스럽게 하는 게 많아서 마음 놓고 살아갈 수가 없습니다! 폭탄 같은 것도 그렇지요… 언제 어느 순간 폭탄이 머리 위에 떨어질지 알 수가 없으니까요!
    — 사람은 언제나 파멸의 위협을 받으며 살아왔다. 선사시대에는 몽둥이로, 중세기에는 석궁(石弓)으로, 현대에는 원자폭탄으로. 그러나,
    그리고 공산당이 언제 쳐들어올지도 모릅니다!
    — 사람은 언제나 다른 종족이 그를 정복할 수도 있는 가능성 아래 살아왔다. 그러나, 내가…
    그리고 전자동화(全自動化)는 언제고 갑자기 내 일자리를 빼앗아 갈 것입니다.
    — 사람이 당장 벌어먹고 사는 직장이란 것이 본디 확실하지 못한 법이다. 그러나, 내가 언…
    그리고 요즘 일어나고 있는 끔찍한 범죄들을 생각해보십시오. 우리는 아무도 안전하지 못합니다.
    — 언제는 안전했느냐? 그러나, 내가 언제나…
    그리고 무서운 질병이 있지요!
    — 질병이야 늘 인간과 더불어 있었지. 그러나, 내가 언제나 너와 함…
    그리고 인종문제로 해서 생기는 골칫거리들을 어떻습니까? 지금 억눌리고 있는 자들이 언젠가 일어나서 우리를 집어던지지 않는다는 보장을 누가 하겠어요?

— 아무도 보장 못하지. 그들이 너희한테서 당한 대로 앙갚음한다면 그건 참 무서운 일이 될 거다. 그러나, 내가 언제나 너와 함께 있다.

그리고 다른 혹성들과의 관계 말입니다. — 만일 지구가 다른 혹성의 침입을 받는다면 우리는 어떻게 되는 겁니까?

— 그렇지만, 너희 나라에서도 그들을 가능한 한 빨리 정복하려고 우주계획을 서두르고 있더라. 그들도 그것을 염려하고 있을까? 아무튼, 이 점을 기억해라. 내가 언제나 너와 함께…

제 힘으로 견디기에는 너무 벅찹니다. 진정제와 텔레비전만 없었다면 저는 벌써 옛날에 비상 단추를 눌렀을 것입니다.

— 내가 언제나 너와 함께 있다. 세상이 끝나는 그 순간까지.

□ **보통사람, 실험해보다**

그리스도교의 가르침은 그게 아닙니다

빰이 두쪽 밖에 없는게 다행이지 멍멍

□ 보통사람, 실험해보다
그리스도교의 가르침은 그게 아닙니다

당신께서는 그리스도인에게 요구하는 바가 있겠지요만, 그러나 제가 그대로 해봤는데 그게 아닙니다.

— 어디 그 이야기를 좀 들려다오.

예를 들어, '누가 너를 해치거든 남은 뺨마저 돌려대'라는 당신의 말씀이 그렇더군요. 한번은 제가 그대로 해봤습니다. 은행에 들어가다가 그 친구와 부딪쳤지요. 저는 얼른 떨어진 그의 모자를 집어 주면서 정중하게 사과를 했습니다.

그랬더니 그가 어떻게 했는지 아십니까? 제 손에서 모자를 낚아채면서 "병신 같은 게"하고 중얼거렸단 말입니다.

우리는 함께 예금전표를 쓰러 테이블로 갔지요. 그런데 그의 만년필이 제대로 써지지를 않는 것이었어요. 그러자 글쎄 누구에게 잉크를 뿌렸는지 아십니까? 바로 저에게 지요. 코트 자락이 잉크 투성이가 됐습니다.

저는 화가 나서 미칠 것 같았어요. 그렇지만, 지금이야말로 내 남은 뺨을 돌려대는 일을 실험해보리라고 결심했습니다. 그래서 저는 옷자락에 묻은 잉크에 대해서 아무 말도 하지 않았습니다. 그 대신 제 만년필을 그에게 주었지요. 그랬더니 맙소사! 자기 예금전표를 마구 구겨 제 얼굴에다 던지는 것이었습니다. 참! 한동안 제 얼굴이 볼만했지요.

— 잠깐, 나는 네가 남은 뺨을 돌려대면 상대방이 너를 좋게 대해줄 것이라고는 결코 말한 적이 없다.

'5리를 가자는 자에게 10리를 가주라'는 말씀도 그래요. 저는 그것도 그대로 해보리라 마음먹었지요. 어느 날 저는 차를 몰고 시골 길을 가다가 자기 차 곁에 서 있는 한 친구를 봤습니다.

"가스가 떨어졌소. 요 아래 5리만 가면 주유소가 있는데 거기까지 나를 태워주시지 않겠소?"하고 그가 말했습니다.

"그러지요. 어서 타시오."

그가 가스를 사자 저는 다시 그를 차 있는 데까지 데려다 주었습니다. 그러자 그는 자기 스페어타이어에 바람이 빠진 것을 기억해내고는 자기가 탱크에 가스를 채우는 동안, 다시 주유소에 가서 타이어에 바람을 넣어다 주지 않겠느냐는 것이었어요. 저는 이번 기회에 10리를 가주라는 당신의 말씀을 실행해보리라 결심했습니다. 그래서 "그러지요"하고는 주유소까지 갔지요.

타이어에 바람을 넣어 돌아오자(그 비용도 제가 냈습니다) 그는 얼른 그것을 트렁크에 집어넣더니, "고맙네, 멍청이"하고는 가버렸습니다.

— 나는 네가 누구를 위하여 5리를 더 가주면 그에게서 어떤 보상을 받거나, 아니면 상냥한 대접을 받으리라고는 결코 말한 적이 없다.

'겉옷을 달라는 자에게 속옷까지 주라'는 말씀도 그렇더군요. 한 주일 전인가, 저는 어느 회의에 참석했었습니다. 저녁 식사를 마치고 나오는데 누군가가 저의 코트를 입고 있는 것이었어요. 그래서 제가 말했지요. "여봐요. 그건 내 코트요!"

그가 말했습니다. "아니요. 내 거요."

22

그렇지만 그 코트는 어깨에 약간 흠이 난 것을 보아 틀림없는 제 코트였어요. 저는 코트의 오른쪽 주머니에 검은 장갑을 넣어둔 것을 기억해냈습니다.

"좋소, 그렇다면 보지 말고 대답하시오. 그 코트의 오른쪽 주머니에 무엇이 들어 있소?"하고 내가 물었지요.

그는 잠간 당황하는 것 같더니 얼른 주머니에서 장갑을 꺼내들고는 "내 장갑이요"하면서 자기 손에 끼는 것이었습니다.

저는 다시 생각했지요. 왼쪽 주머니에는 무엇을 넣었더라? 곧 기억이 났습니다. 마니토바 지방의 교통안내지도를 넣었었거든요.

"좋소. 그렇다면 보지 말고 대답하시오. 왼쪽 주머니에는 무엇이 있소?" 그러자 그가 불끈 화를 내며 소리 지르는 것이었습니다.

"여보! 나는 당신과 그따위 놀이를 할 시간이 없는 사람이오!"

"좋습니다. 만일 그 주머니에서 마니토바 지도가 나온다면 그 코트는 내 거요!"

저는 얼른 손을 뻗어 주머니에서 지도를 꺼냈습니다.

"보시오. 내 코트를 주시오."

그러자 그는, "이건 내 코트요!"하면서 나를 밀치고 걸어갔습니다. 저는 화가 나서 폭발 직전 상태에 이르렀지요. 그렇지만 퍼뜩 한 가지 생각이 났습니다. 그가 내 코트를 가져갔으니 그리스도인인 나는 이제 그에게 속옷을 주어야지! 저는 저고리를 벗어 들고 그의 뒤를 쫓아갔지요.

"여보시오. 내 코트가 당신에게 꼭 맞는다면 이 저고리도 잘 맞을 거요. 가져가시오."

그는 저를 무슨 외계에서 온 우주인이나 보듯이 바라보더니 저고리를 잡아채고는 횡하니 나가버렸습니다.

― 나는, 네가 너에게 무슨 잘못을 저지른 자를 친절하게 대해주면 그가 금방 뉘우치고 돌아서리라고는 결코 말하지 않았다.

글쎄, 제가 말씀드린 대로. 직접 그대로 해보니까 그리스도교의 가르침이 그게 아닙니다. 엉터리예요. 도무지 맞지를 않습니다.

― 언제는 내가 맞는다고 했느냐? 일찍이 그런 것을 너희에게 가르쳤을 때, 나는 너희 자신과 너희 소유물의 손상을 최소한도로 줄이면서 살아가는 인생 처세술을 가르쳐주려는 것은 아니었단다. 그보다는 훨씬 더 중요한 것, 즉 하느님의 아들로서 살아가는 방법을 나는 말했던 거다.

□ 보통사람, 포기하다

하느님은 믿을 수가 없어

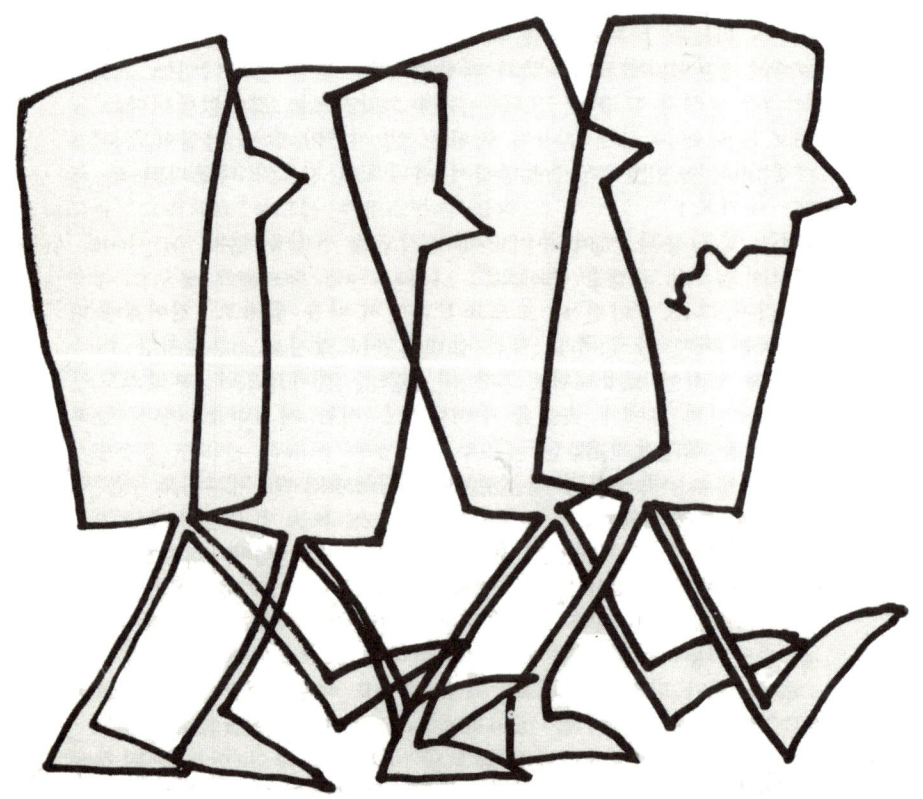

하느님을 믿는다는 건 진짜로 힘드는 일이야 뭥

□ 보통사람, 포기하다
하느님은 믿을 수가 없어

아브라함 시대의 보통사람 :

사람이 어떻게 하느님을 믿을 수 있단 말인가? 언젠가 그 분이 메시아를 보내주시겠다는 약속을 하실 때 아브라함에게 친히 말씀하셨다는 얘기는 나도 들었어. 그러나 나는 하느님이 말씀하시는 걸 듣는 것만으로는 만족할 수 없다. 나는 그 분을 눈으로 직접 봐야만 하겠다. 내가 오래 살아 메시아를 보게 된다면, 그러면 믿을 수 있겠는데.

예수님 시대의 보통사람 :

이 분이 메시아라고들 하는데 진짜인지 아닌지 어떻게 알지? 그냥 눈으로 보는 것만으로는 도무지 알 수가 없단 말이야. 왜 하느님은 나에게, 바로 이 사람이 당신의 아들이라고 직접 말씀해주시지 않을까? 그러면 믿을 수 있겠는데.

오늘의 보통사람 :

만일 내가 아브라함의 시대에 살아서 하느님이 직접 말씀해주시는 걸 들을 수 있었다면, 나는 물론 믿을 수 있었을 것이다. 아니면 예수님 시대에 살아서 그 분을 직접 내 눈으로 보았다면, 역시 믿을 수 있었을 것이다. 그러나 그 분의 말씀을 직접 들을 수도 없고 그 분을 직접 볼 수도 없는 지금, 어떻게 믿을 수 있겠는가?

□ 보통사람, 항의하다

하느님, 인생을 이토록 고달프게 만드시지 않았어야 합니다

　인생살이에는 너무 고달픈 일이 많습니다. 하느님. 제가 만일 당신이라면 맨 처음 세상을 만들 때 절대로 질병 같은 건 만들지 않았을 겁니다. 앓는다는 게 얼마나 힘든 일인지, 당신은 아시나요?

　— 너는 네가 때때로 앓지 않고도 건강한 것을 진정으로 감사할 수 있다고 생각하느냐?

　천재지변도 그렇지요… 우리는 이 세계에서 당장에 무슨 일이 일어날는지를 모릅니다! 도대체 저 무서운 홍수라든가 화재 또는 지진 같은 것들을 당신은 어떻게 만드실 수가 있었나요? 우리는 한 순간도 안심하고 살 수가 없군요!

　— 생활이 언제나 완벽하게 안전했다면, 너는 지금 너무 인생살이가 지루하다고 불평하겠지?

　죽음도 마찬가지입니다… 저는 절대로 그런 두려운 물건을 만들지 않았을 겁니다.

　— 그럼 너는 어떻게 하겠다는 거냐? 모든 사람이 이 지구 위에서 영원히 살게 하겠다는 거냐?

　만일 제가 이 세상을 만들었다면, 저는 모든 것을 튼튼하고 안전하게 만들었을 것입니다. 항해하는 사람을 위해서 바다는 언제나 잔잔하게 만들고 계절도 지독한 추위나 더위는 없이 언제나 온화하게 만들었을 거예요.

　— 그래, 모든 것이 그저 쉽기만 한 사람들에게 무슨 일이 일어나겠느냐? 대개

응석이나 부리는 철부지 아이들 같을 텐데.

저는 인생살이도 편하고 또 미리 앞을 내다볼 수 있게 만들었을 겁니다. 그래서 환자를 간호하거나 다른 궁지에 몰린 자들을 도와주고 아예 처음부터 일어나지도 않았을 여러 가지 문제들로 시달리는 사람들을 보살피느라고 많은 시간을 허비하는 일이 없게 했을 거예요. 그렇게 되면 우리는 모든 시간을 자기 자신을 위해 쓸 수 있을 텐데, 말입니다.

― 네가 생각하고 있는 그 순전히 저만 아는 이기주의자들이 우글거리는 걸 어떻게 보고 있으란 말이냐? 그들은 내가 가장 싫어하는 자들인데.

그렇게 되면 적어도 당신께서 만들어 놓으신 것보다는 훨씬 더 낫지 않을까요? 하느님, 어떻게 생각하십니까?

― 솔직하게 말하면, 그렇지 않다. 게다가 너는 그 고달픈 일들 중 상당히 많은 부분이 바로 너희 인간들 때문에 생긴다는 사실을 인정해야 할 것이다.

제가 말씀드린 것을 진지하게 받아들여 주시기 바랍니다. 당신께서 조금만 더 생각하셨더라면 이 세상을 더 좋게 만드실 수 있었을 것입니다.

― 너야말로 조금만 더 생각하면, 이 모든 고달픔 뒤에 때로 하나의 목적이 숨어 있음을 알 수 있을 것이다.

□ 보통사람, 자기 생각을 말하다

십자가는 싫어요

□ 보통사람, 자기 생각을 말하다
십자가는 싫어요

저는 십자가를 좋아하지 않습니다, 하느님. 당신께서는 그래 꼭 예수님을 그토록 잔인한 방법으로 죽이셔야만 했나요? 당신께서 사랑이심을 우리가 알기를 바라신다면, 왜 그분으로 하여금 여러 곳으로 다니면서 사람들에게 이야기하도록 살려두시지 않으셨습니까? 그랬다면 우리가 그분을 믿었을 텐데요.

— 여러 해 동안 나의 예언자들이 이곳저곳을 다니면서 사람들에게, 내가 그들을 사랑하고 있음을 말해주었다. 그러나 사람들은 말만으로는 잘 알아듣지 못하는 것 같았어. 나는 그들에게 뭔가 보여줘야만 했다.

저는 예수님이 십자가를 지실 때 우리의 죗값을 치르신 걸로 알았습니다. 그렇지만, 하느님. 솔직히 말씀드려 제가 그토록 끔찍한 죽음을 죽어야 할 만큼 죄를 지은 것 같지는 않습니다! 정말 그 분으로 하여금, 매를 맞고 침 세례를 받고 가시관을 쓰게 하는 것 정도로 그칠 수 없었나요? 그 정도로도 정의를 바라시는 당신의 요구는 충족될 수 있지 않았겠습니까?

— 그 정도로 너의 요구는 충족되었겠느냐? 정말로 너는 하느님의 아들이 모욕을 당하고 매를 맞는 것만으로 너의 죗값이 다 치러졌다고 믿었느냔 말이다.

그리고, 매질을 한 다음에는 그분을 어디 광야 같은 데로 보내시어 여생을 평안하게 보내면서 하느님의 나라에 대하여 가르치는 일을 계속하게 하실 수도 있었을 텐데요.

— 나는 이미 오랜 세월에 걸쳐 나의 많은 교사들을 보냈었다. 그들의 가르침에 귀를 기울이는 자들도 없지는 않았어. 그러나 그들이 가르친 내용이 많은 사람들에게 전달되려면 말보다는 가장 큰 사랑의 행위가 있어야 했던 것이다.

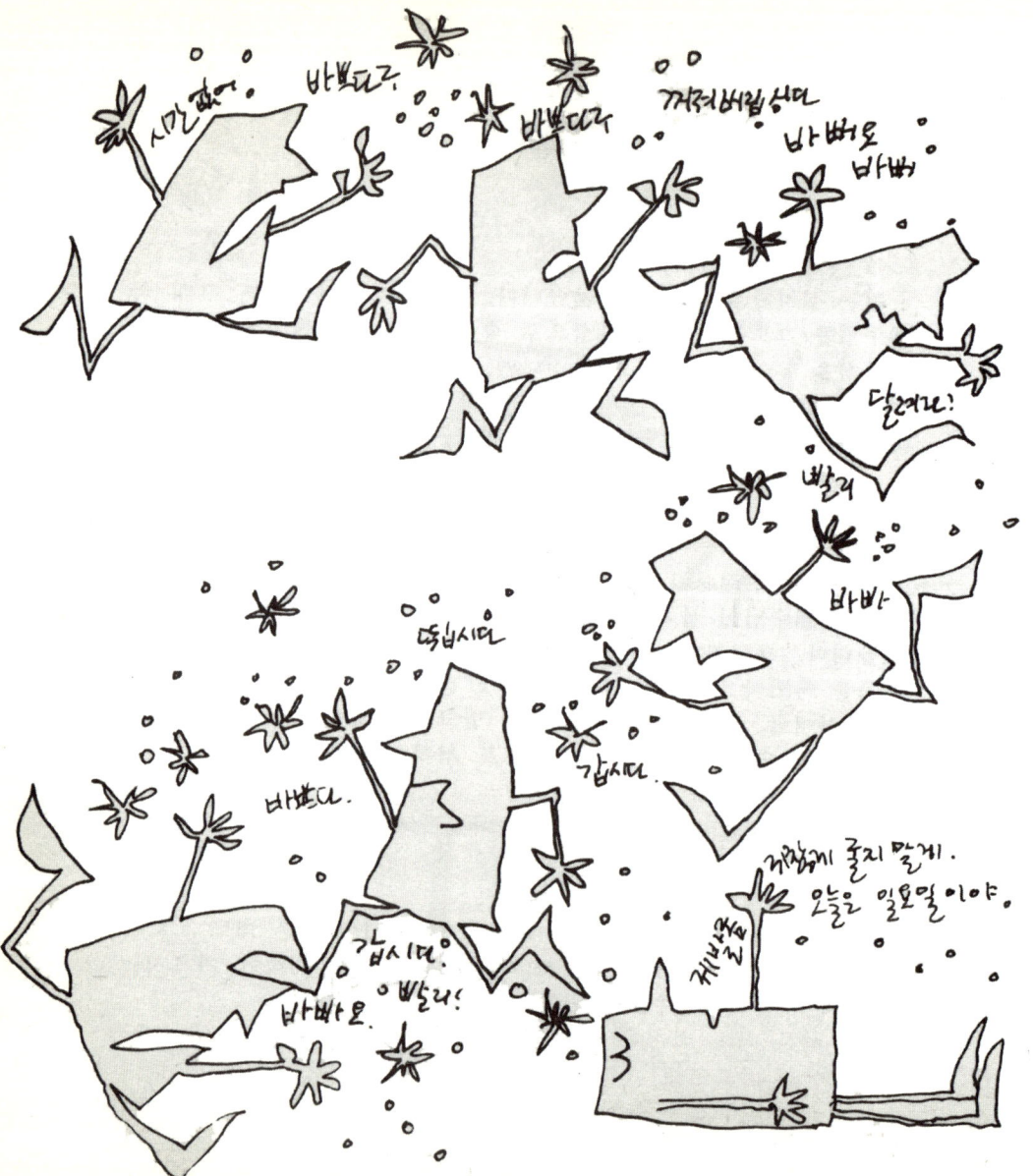

□ **보통사람, 바쁜 한 주간을 보내다**
성경 읽을 시간이 없네

월요일: 또 바쁜 한 주간의 출발! 오늘은 성경 읽을 시간이 없네.
화요일: 오늘은 어제보다 더 바쁘군!
수요일: 일거리가 산더미처럼 쌓였어. 오늘은 전혀 시간이 없네.
목요일: 여보게, 이 다람쥐 쳇바퀴 도는 것 같은 달음박질은 도무지 끝날 줄을 모르는군! 오늘 같은 날 어떻게 시간을 내어 성경을 읽으란 말인가?
금요일: 금요일은 언제나 환장하게 바쁜 날일세. 오늘도 시간이 없네.
토요일: 벌써 토요일이군! 주말이 되기 전에 정리해둘 일이 너무 많네. 아무래도 성경 읽을 시간을 짜낼 수가 없군.
일요일: 오늘은 성경을 읽으라고? 한 주간에 하루는 푹 좀 쉬어야겠네!

나말고 다른누군를 찬양하기란 어려운 일이야용

□ 보통사람, 질문하다
왜 내가 하느님을 찬양해야 하는가?

— 야훼를 찬양하라!
나는 하느님을 좀 더 찬양해야겠다고 생각하고 있네.
— 우리 하느님을 찬양하는 것은 좋은 일이요.
글쎄 그분이 우리에게 그것을 바라고 계시다는 건 알고 있단 말일세.
— 그분은 은혜로우시매 찬양의 노래를 바침이 마땅하도다.
그러나 어째서 그분이 나에게 바라신다고 해서, 그 때문에 내가 그분을 찬양해야 하는가?
— 그분은 별들의 수효를 정하시고
글쎄, 그분이 위대하시고 전능하신 분이라는 것도 나는 알고 있네.
— 그 모든 별들에게 이름을 주신다.
그리고 그분은 이 모든 우주를 만드셨지.
— 마음 상한 자들을 고쳐주시고
그리고 그분은 우리 모두에게 좋은 아버지 같으시지.
— 그들의 상처를 싸매주신다.
그리고 그분은 우리를 돌보시지.
— 야훼께 감사의 노래를 불러드려라.
그렇지만 어째서 그분은 이 모든 일을 하셨다고 해서 우리에게 마땅히 찬양을 받으셔야만 하는가?
— 야훼께서는 당신을 두려워하는 자를 기뻐하시고
글쎄, 이런 것들을 우리에게 주시고 그것 때문에 당신을 찬양하라고 하□

신다면, 그건 좀 이기적이신 것 같지 않나?
　— 오, 예루살렘이여! 야훼를 찬양하라.
　뭐라고? 그럼 자네는 성경이 우리에게 하느님 찬양할 것을 명령하는 게 아니란 말인가? 시인은 다만 우리를 함께 찬양하자고 초대할 뿐이라고?
　— 야훼를 찬양하라!
　그렇지만 내 생각에는…

□ 보통사람, 잘난 척하다

모두가 저만 같다면야…

옳은자를 알아주셨다니
기쁩니다. 멍멍멍멍

□ 보통사람, 잘난 척하다
모두가 저만 같다면야…

― 복 있는 자는 악한 자의 말을 따라 일하지 아니하고
저는 그런 짓 한 적 없습니다.
― 죄인의 길에 서지도 않으며
저는 그런 짓도 한 적 없습니다.
― 조롱하는 자의 자리에 앉지도 아니하고
그런 짓도 좀처럼 하지 않았어요.
― 야훼의 법을 즐거워하며
성경은 진짜 굉장한 책이지요.
― 그 법조문을 밤낮으로 묵상하는 자로다.
언제고, 은퇴한 뒤에, 성경 볼 시간이 있겠지요.
― 그는 시냇물 가에 심은 나무가 철 따라 열매를 맺고
그건 좀 결실이 더딜 텐데요.
― 잎사귀가 마르지 않음 같으리니
잎사귀라고요?
― 그 하는 일이 모두 제대로 이루어지리로다.
그거야말로 제가 좋아하는 말입니다!
― 악한 자는 그렇지 아니하니 바람에 까불리는 겨와 같도다.
마땅히 그래야지요.
― 그러므로 악인은 재판정에서 바로 서지 못하고 죄인은 옳은 자들의 모임에 끼지 못하리니

하느님께서 그들에게 마땅한 벌을 주신다는 걸 생각하면 기분이 좋습니다.
— 옳은 자의 길은 야훼께서 알아주시지만 악인의 길은 망하겠기 때문이로다.
하느님, 당신께서 우리들 가운데 누가 옳은 자인 줄 알아주신다니 기쁩니다. 모두가 저만 같다면야 얼마나 좋겠습니까?

□ 보통사람, 자신의 위치를 점검해보다

누릴 만한 것들을 누리고 있는 겁니다

하느님 고맙습니다.
하지만 이것은, 제가 성공한 댓가일 뿐입니다.

□보통사람, 자신의 위치를 점검해보다
누릴 만한 것들을 누리고 있는 겁니다

하느님, 저는 이렇게 좋은 것들을 많이 지닐 수 있게 된 것이 제가 다른 사람들보다 훌륭해서는 아니라는 사실을 알고 있습니다.

이를테면, 제가 좋은 교육을 받고 건강한 몸으로 사랑스런 가족들과 함께 자유로운 나라에 사는 — 이것이 제가 지구상의 다른 사람들보다 특출하게 잘 났기 때문은 아니라는 것을 잘 알고 있다는 말입니다.

이 세상에 깔려 있는 난민들을 생각해봅니다. 그들에게는 집도, 가정도 없고 생활용품들도 없습니다. 물론 그들은 저만큼 열심히 일하지 않았는지 모릅니다. 아니면 저의 아버지가 일하신 것만큼, 또는 그들의 선조가 일한 것만큼 열심히 일을 하지 않았는지도 모릅니다.

만일 그들이 우리의 선조가 했듯이 그렇게 열심히 사업을 일으켰더라면, 고향을 떠나 살 곳을 찾아 이리 저리 헤매지 않아도 됐을 겁니다.

사람은 열심히 일하고 머리만 잘 쓰면 잘 살게 마련이거든요. 물론 제가 살고 있는 지방은 폭풍이나 홍수 또는 지진 따위의 피해를 입은 적이 한 번도 없습니다만.

그러나 그것은 여기를 정착지로 선택한 우리 할아버지들이 얼마나 지혜로웠던가를 말해주는 것이기도 하지요. 그리고 애초에 이 나라로 이민 온 것 또한 얼마나 현명한 일이었습니까?

만일 어떤 사람들의 조상이 이 나라처럼 자유롭고 풍요한 곳을 선택하지 않았다면, 또는 그들의 낡은 터전을 버리지 않았다면 그것이 누구의 잘못이겠습니까?

그리고 또 저는 하느님께서 유독 우리만 편들어 주셨다고는 말할 수 없다는 사실을 잘 알고 있습니다. 그렇다면 그것은 편견이겠지요.
 그렇지만, 그래도 우리가 그리스도교 국가라는 사실 때문에 당신께서는 뭔가 좀 다른 눈으로 봐주시지는 않으셨던가요? 이를테면, 다른 곳보다는 이곳에 좀 더 태양을 밝게 비추어 주신다거나 좀 더 단비를 흡족히 내려주신다거나 하시지 않으셨느냐는 말씀입니다. 그만한 별도의 은총을 받을 권리가 저희에게 있는 건 아닐까요?
 그러므로 하느님, 저는 이렇게 풍요한 생활을 누릴 수 있음에 대하여 당신께 감사드립니다. 세계에 흩어져 있는 궁핍한 자들을 생각하면 참 유감입니다만, 그러나 인생이란 그런 거 아닙니까?

□ 보통사람, 손가락질하다

오, 저 수도승들

우리는 세상과 사이좋게 지내야 해요.

□ 보통사람, 손가락질하다
오, 저 수도승들

 진짜 어리석기로 말한다면, 아무도 중세기 수도승을 능가할 수 없지요. 그는 낡은 수도원의 창도 없는 작은 방에 거하면서 다른 수도승들과 함께 노동하며, 다른 수도승들과 함께 기도하고, 다른 수도승들과 함께 먹고, 다른 수도승들과 함께 명상하고, 다른 수도승들과 함께 말했을 뿐입니다. 그는 세상에서 무슨 일이 일어나고 있는지 알아보려고 문밖을 나선 적도 없고 ―그러니 세상에 대해서는 깜깜했겠지요― 더구나 세상을 돌본다는 건 생각조차 못할 일이지요. 그는 겨우 자신의 은폐된 작은 세계 속에서 스스로 만족했습니다.

 ― 그의 세계가 그렇게 작지만은 않았을 거다. 그 안에는 모든 것을 창조하신 하느님이 포함되어 있었으니까. 세상을 위해 드리는 그의 기도도 들어 있었고.

 그러나 그는 어쨌든 오늘 우리 그리스도인들이 살듯이 살지는 않았지요. 우리가 얼마나 세상과 사이좋게 지내고 있는지 보십시오.

 ― 세상과 사이가 좋다고? 나는 오랫동안 너희가 비그리스도인들과 사이가 좋지 못하다는 말을 들어왔는데?

 글쎄요, 우리가 세상으로부터 구분된다는 말은 가끔 듣지요. 어쨌든 옛날의 수도승들보다는 우리가, 세상 돌아가는 것을 훨씬 더 잘 알고 있습니다. 그리고 세상에 그리스도교의 영향을 끼치기 위하여 우리는 그들보다 훨씬 더 정열적으로 활동하고 있고요.

 ― 좋다. 그러면 너희가 최근에 무슨 일을 했는지 좀 얘기해주겠니?

 그러죠… 이를테면, 오늘을 사는 그리스도인으로서 우리는 수도원으로부터 세상으로 우리의 그리스도교를 끌어내는 게 얼마나 중요한 일인지에 대해서 연구하고 있지요.

— 요컨대, 수도원으로부터 그리스도교를 끌어내어 네 옆집에 사는 이웃에게 전한다는 말이겠지? 그 옆집 사람 이름이 뭐냐?

이름은 몰라요. 만난 적도 없으니까요. 그렇지만 제가 드린 말씀의 요지는 아시겠지요? 말하자면, 중세기 이후 얼마나 사람들이 좋아졌느냐, 이겁니다.

□ 보통사람, 호소하다

저는 매일 십자가를 집니다

□ 보통사람, 호소하다
저는 매일 십자가를 집니다

그리스도인이 자기 십자가를 진다는 건 쉬운 일이 아닙니다. 언젠가 제가 심한 두통을 앓았던 날도 그랬지요. 두통이야말로 지기 힘든 십자가예요.

— 그 날은 네가 뜨내기 노동자들의 진료를 도와주러 가기로 했던 날이었지. 아마?

예. 그렇지만 두통 때문에 갈 수 없었어요. 그뿐이 아닙니다. 사순절 예배도 그렇지요. 저는 이틀만 빠지고 꼬박 사순절 예배에 참석했는데, 그것도 저에게는 매우 견디기 힘든 십자가가 됐습니다.

— 어떻게 해서?

저… 아무튼 저는 예배에 참석했거든요. 그런데 그 시간에 저에게 밀린 숙제가 무척 많았단 말씀입니다.

— 그렇지만 예배에 참석해서 너에게 도움이 된 것도 있었지. 그만큼 너는 더 하느님께 가까이 가지 않았느냐?

보십시오. 저는 사순절 기간 동안 꼬박 예배에 참석했습니다. 그것은 분명히 저의 십자가였어요. 그것 말고도 매일같이 분통터지는 일을 참아야 한단 말입니다. 이를테면 숙제를 하지 않은 날 선생님이 무엇을 물어본다든지, 코치가 훈련 일정표를 빡빡하게 짠다든지, 세차한 다음 날 비가 온다든지. 정말이지, 저는 매일 제 십자가를 집니다.

— 그런 것들이 너의 십자가냐? 내가 너희 십자가를 지고 나를 따르라고 말 했을 때, 마음속에 생각했던 십자가는 그런 것이 아니었는데.

◻ 보통사람, 마음으로 헤매다
어디까지 계산했었지?

― 전능하사 천지를 지으신 하느님 아버지를 내가 믿사오며

내가 평생토록 왼 '사도신경'은 몇 번이나 될까?

― 그의 외아들 우리 주 예수 그리스도를 믿사오니

그런데도 욀 때마다 그 의미가 깊게 느껴진단 말씀이야!

― 이는 성령으로 잉태하사 동정녀 마리아에게서 나시고 본디오 빌라도에게 고난을 받으사

지금까지 한 15년은 외웠을 텐데.

― 십자가에 못 박혀 죽으시고 무덤에 묻히시어

보자 ― 15곱하기 52라…

― 지옥에까지 내려가셨다가

내가 지금 '내려갔다'고 했던가 '올라갔다'고 했던가?

― 사흘 만에 죽은 자 가운데서 다시 살아나시어 하늘에 오르사

음, '올라가셨다'고? 그럼 순서대로 되었군!

― 전능하신 하느님 오른 편에 앉아 계시다가 그리로부터 산 자와 죽은 자를 심판하러 오시리라.

어디까지 계산 했었지? 오, 그래. 15곱하기 52. 그러니까… 10곱하기 52는 520이고, 그리고 그것에 반이면 260이지.

― 성령을 믿사오며 거룩한 교회와

520 더하기 260이면 780이라…

― 성도들의 교제와 죄의 용서받음과 몸이 다시 사는 것과

가만히 있어보자. ─ 그러니까 자그마치 780번이나 '사도신경'을 외웠구나!
 ─ 영원히 사는 것을 믿나이다. 아 멘.
 그런 데도 욀 때마다 그 의미가 깊게 느껴진단 말씀이야.

□ 보통사람, 저승사자를 만나다

방 문 객

안 돼요! 나하고 관계가 있단 말입니다용

□ 보통사람, 저승사자를 만나다
방문객

꿈인지 생시인지는 잘 모르겠는데, 어쨌든, 간밤에 나를 찾아온 방문객이 있었다. 어둠이 누리를 덮은 지 얼마 되지 않아 검은 유령이 내 방으로 들어왔다.

"나는 네가 귀찮아하는 너의 어머니 아버지를 치워주려고 왔다."하고 그가 낮은 목소리로 말했다.

"어머니와 아버지를 치워주겠다고요? 안 돼요! 제발, 그분들에게 아무 짓도 하지 말아요."

"그들이 걱정된단 말이냐?"

"그럼요, 물론이지요! 제발! 제발, 그러지 말아요."

"그렇지만 뜻밖이구나. 난 네가 어찌나 부모들에 대하여 불만이 많은지 이집에 오면 쉽게 오늘의 할당량을 채울 수 있을 줄 알았는데. 오늘 아침에만 해도 나는 네가, 도무지 이 늙은이들과는 함께 살 수가 없다고 투덜거리는 소리를 들었다… 그렇다면, 좋아… 내가 슬쩍 사고를 일으켜 그들을 다치게 만들마. 보자… 그렇지! 네 아버지는 다리 한 쪽을 잘라버리고…그리고 네 어머니는… 얼굴을 마구 이겨놓아 영 딴 사람으로 만들어 놓으면 어떨까?"

"아, 안 돼요! 제발! 나는 그들을 사랑합니다."

"네가 그렇게 나올 줄은 정말 몰랐다. 아직껏 한 번도 그런 말을 한 적이 없지 않니?"

"그렇지만…"

"좋다. 그런데 나는 오늘 밤 안으로 해야 할 일이 몇 가지 더 있다. 그래, 나는 이 집의 가스가 새는 곳을 알고 있다. 거기를 폭발시키면… 이 집은 불길에 휩싸여 송두리째 날아가겠지. 그리고…"
"안 돼요… 제발!"
"아니면 네 친구 로저를 요절내줄까? 지금 비행기 안에 앉아 있던데, 비행기의 착륙 기어를 약간 고장 내 놓으면…"
"안 돼요, 제발!"
"안 된다고? 그렇다면… 나에게는 누군가에게 주어야 할 더 무서운 재앙이 있는데… 치료될 수 없는 암이 그것이지. 우리는 그 암을 아무래도… 너에게 줘야겠구나."
"안 됩니다! 제발!"
"글쎄… 우리들이 보기에 너는 참 제격인 아이다! 오늘처럼 할당량을 채우지 못하고 공치는 날에 대비해서 나는 너를 그동안 아껴두었단다."
"왜 하필이면 납니까?"
"너는 네 주변에 있는 모든 것을 좋아하지 않는 것 같았으니까. — 가족도, 친구들도, 가정도 그리고 네 건강까지도. 나는 나눠줄 주인을 찾지 못한 재앙들을 너에게라면 쉽게 던져줄 수 있겠다고 생각했다. 늘 불평하던 그런 것들을 네 주변에서 치워주면 네가 매우 기뻐할 것이라고 생각되었거든."
이렇게 말하고 나서, 그는 검은 옷자락으로 자기 몸을 여미고는 내 방에서 사라졌다.

□ 보통사람, 성경이 닿는 것을 막다

쉬르들루 부인이 총채를 떨어뜨린 날

□ 보통사람, 성경이 닳는 것을 막다

쉬르들루 부인이 총채를 떨어뜨린 날

바람 부는 11월 어느 날 아침, 쉬르들루 부인은 책장의 먼지를 털고 있었다. 책들을 꺼내 먼지를 털고 다시 꽂아두는 일에 지쳐버린 그녀는 그만 총채로 성경책을 잘못 건드려 마룻바닥에 떨어뜨렸다.

"저런!"

그녀는 깜짝 놀라 소리를 지르며 몸의 균형을 잡기 위해 얼른 피아노 의자에 앉아야 했다.

힘든 일을 하다가 의자에 앉아 쉬니 기분이 약간 좋아졌다. 그녀는 머리를 뒤로 빗겨 넘기고 말끔 정돈된 책장을 둘러보다가 성경책을 내려다보았다.

이 뜻밖의 사고로 바닥에 떨어뜨릴 때까지 그녀는 자기가 얼마나 성경책을 잘 간수해왔는지 늘 자랑스러웠다. 37년간 교회에 다녔는데 그동안 죽 한 성경책을 가지고 다녔던 것이다. 그녀는 그 사실, 즉 그토록 성경책을 잘 간수했다는 사실을 매우 자랑스럽게 생각했었다. 성경책이 닳는 것을 방지하는 것, 이것이 그녀의 주된 관심사였다.

성경책은 특히 앞장과 뒷장의 철된 부분이 쉽게 닳기 시작했다. 그러나 쉬르들루 부인은 가능한 한 책을 펼치지 않음으로써 책의 수명을 훌륭히 연장시켰다. 특별히 성경 교사가 어디를 펼쳐 읽으라고 지시를 할 때만 그녀는 책장을 펼쳤다. 그렇게 하여 그녀의 성경책은 그녀의 신앙과 함께 수십 년을 훌륭하게 지탱해왔던 것이다.

그런데 지금 땅에 떨어져 저절로 펼쳐진 성경책을 내려다보다가 그녀는 자기도 모르게 그것을 집어 펼쳐진 부분을 읽기 시작했다. 그녀는 정신없이 읽고 또 읽었다.

15분쯤 뒤에 전화 벨 소리가 울렸을 때, 쉬르들루 부인은 자기 혼자서 성경책을 읽고 있었음을 깨닫고 깜짝 놀랐다. 그녀는 책장을 두 장이나 넘기며 읽고 있었던 것이다.

"저런!"

그녀는 자기가 책을 읽느라고 책장을 넘긴 것이 결국은 성경책을 닳게 한다는 사실을 뒤늦게 깨닫고는 소리를 질렀다.

조심스럽게 그녀는 책을 덮어 책장 속에 넣어두었다.

"쯧쯧…"

그녀는 전화를 받으러 가면서 중얼거렸다.

"이제부터는 총채질을 좀 더 조심스럽게 해야겠군!"

□ 보통사람, 새로운 사실을 발견하다

즐기라고 주신 것을 즐겨야지

눈을 감고 살기란 쉽지않은 일이지!

□ 보통사람, 새로운 사실을 발견하다
즐기라고 주신 것을 즐겨야지

　페트로니우스는 양쪽 발로 번갈아 체중을 버티면서 서 있었다. 그의 앞에 줄 서 있는 사람들이 워낙 늦게 움직이고 있었으므로 그가 최후의 심판대에 서기까지는 아직도 한참 더 걸릴 것 같았다.
　그때 그는 콧구멍을 벌름거렸다. 어디선지 기막힌 냄새가 났던 것이다.
　그는 고개를 내밀어 앞을 바라보았다. 한 천사가 버터를 바른 두루마리 과자를 쟁반에 받쳐 들고, 늘어서 있는 사람들의 줄을 따라 오면서 과자를 손으로 집어 먹을 수 있도록 쟁반을 한 사람 한 사람에게 내밀어주는 것이었다.
　페트로니우스는 너무 오래 줄을 서 있었으므로 몹시 배가 고팠다. 이제 조금 있으면 천사가 그에게 다가와 과자를—
　그러다가 그는 갑자기 생각했다. 과자를 집으면 안 돼! 그는 한 평생(그는 기억할 수도 없는 어린 때부터 그리스도인이었다) 쾌락을 따라 곁길로 빠지지 않기 위하여 최선을 다했던 것이다. 그는 너무나도 많은 사람들이 다만 자신의 즐거움을 위하여 사는 것을 보아왔고 그래서 자기는 그런 사람이 되지 않겠노라고 굳게 결심했었다. 그러므로 하느님 섬기는 일에 몰두하기 위하여 그는 일부러 자기를 즐겁게 해주는 것들을 무시해왔던 것이다.
　그러는 동안에도 천사는 다가와, 바로 그의 앞에 서 있는 사람이 과자를 집어 들고 있었다.
　그가 과자를 집어 들자 천사는 쟁반을 페트로니우스에게 내밀었다. 신선

하고, 따스하고, 고소한 냄새가 콧구멍을 자극했다. 입에는 자기도 모르게 침이 고였다. 그는 손을 내밀었다가 뒤로 몸을 힘껏 젖히면서 천사에게 말했다.
"사양합니다."
천사는 말없이 다음 사람에게로 넘어갔다.
김이 나는 두루마리과자야말로 넘기기 힘든 유혹이었다! 한 순간 그는 약해져서 그것을 잡을 뻔했지만, 그러나 수년간 고된 자기-수련을 쌓은 덕분에 무사히 위기의 순간을 넘겼던 것이다. 그건 참기 힘든 고비였지만, 아마도 하느님께서 양과 염소를 구분하기 위하여 시도해본 시험일 것이었다. 이렇게 생각하자 페트로니어스의 기분은 좀 좋아졌다. 시험을 통과한 것이다!
줄은 조금씩 조금씩 앞으로 나갔다.
그때 가까운 나무에서 새 한 마리가 노래하기 시작했다. 페트로니어스는 바로 자기 머리 위의 나뭇가지에 앉아 있는 작은 파랑새 한 마리를 보았다. 그는 그토록 아름다운 노래를 들어본 적이 없었다. 그러나 이윽고 그는 고개를 돌렸다. 어쨌든 사람은 쾌락에 빠져들면 안 돼!
줄이 앞으로 떠 나가자, 그는 눈앞에 펼쳐져 있는 커다란 꽃밭을 보았다. 아름다운 꽃들한테서 달콤하고도 신선한 향기가 풍기고 있었다. 그는 좀 더 냄새를 가까이에서 맡으려고 허리를 굽히다가 이내 멈췄다. 사람은 아름다운 것들에 너무 매혹되어서는 안 되는 것이다.

줄은 천천히 앞으로 나갔다.

그때 무엇인가 그의 발등을 부드럽게 간지럽히는 게 있어 내려다보니 귀여운 새끼고양이였다. "야옹!" 새끼 고양이가 페트로니어스를 올려다보면서 그의 발목에 자기 등을 비벼댔다. 페트로니어스는 자기-억제의 능력을 최대한 발휘하여 귀여운 새끼고양이를 모르는 척 할 수 있었다. 쾌락을 외면하는 데 바친 평생의 노력이 다시 한 번 그를 지켜주었던 것이다.

줄은 계속하여 앞으로 나갔다. 천천히.

마침내 그의 앞에서 걸어가던 사람이 옆으로 비켜섰다. 페트로니어스는 어느덧 최후의 심판대 앞에 서 있는 자신을 발견했다. 그것은 진정 최후의 심판대였다!

그는 눈을 감고 두근거리는 가슴을 진정시키며 무릎을 꿇었다.

한참 뒤에 그는 하느님의 손이 자기 어깨에 와 닿는 것을 느꼈다. 이어서 하느님의 음성이 들렸다.

"잘 했다. 내 아들아. 네가 집에 온 것이 기쁘구나. 너는 나를 성심껏 잘 섬겼다. 너는 가장 사랑스런 아들이었어. 그렇지만, 한 가지…"

여기서 하느님은 페트로니어스의 손을 잡고 그를 일으켜 세우셨다. 페트로니어스는 눈을 떠 하느님의 옥좌 뒤로 활동사진처럼 움직이는 광경을 보았다. 그가 지상에서 보낸 하루하루의 모습이 환하게 보였다. 그것은 엄격하고 고집스럽고 딱딱한 생활의 모습이었다. 그는 또한 그의 주변을 둘러싸고 있는 차갑고 몰인정한 분위기도 볼 수 있었다. 하느님의 음성이 다시 들려왔다.
 "내 아들아, 너는 내가 너로 하여금 즐길 수 있도록 이 모든 좋은 것들을 창조했음을 몰랐느냐? 나는 네가 나를 사랑하고 섬기기를 원했다. 그러나 또한 내가 너에게 만들어준 이 좋은 것들을 즐기기를 원했다."
 페트로니어스는 그때 하느님의 무릎 위에, 자기가 그토록 애써 피했던 귀여운 새끼고양이가 앉아 있는 것을 보았다. 그리고 또한 하느님께서 당신의 머리 위 나뭇가지에서 들려오는 새들의 노랫소리를 틈틈이 즐기고 계신 것을 보았다.
 그리고 하느님의 옥좌 곁 테이블에는 꽃이 가득 꽂혀 있는 화병과 반쯤 먹은 두루마리과자가 담겨 있는 접시가 놓여 있었다.
 이윽고 옥좌 뒤편 허공에 다음과 같은 글자가 나타났다.
 "누구든지 하느님께서 만들어주신 좋은 것들을 즐길 수 있을 때에 즐기지 아니한 자는 최후의 심판대 앞에서 그 이유를 대야 할 것이다!"
 페트로니어스는 하느님 앞에 무릎을 꿇어 절하고 나서 허둥지둥 뒤로 빠져 나왔다.
 "천사님—"
 그는 길게 늘어선 사람들의 줄을 따라 달려가면서 소리쳐 불렀다.
 "천사님— 과자 한 개만 주시오, 제발!"

□ 보통사람, 몇가지 사실을 인정하다

예수님이 만일 보다 더 나와 비슷한 분이었다면
그의 생애는 아마도 이러 했으리라

□ 보통사람, 몇가지 사실을 인정하다

예수님이 만일 보다 더 나와 비슷한 분이었다면 그의 생애는 아마도 이러 했으리라

10세: 무엇 때문에 학교엘 가서 어려운 성경을 배우느라고 고생해야 하나?

20세: 이 목공소에서 아무리 열심히 일해야 장래가 뻔하지. 근육이 울퉁불퉁하고 힘이 센 것이 나한테 무슨 덕이 될까?

30세: 하느님은 내가 설교를 했으면 하시고 또 사람들도 그렇게 바라는 것 같은데, 나한테는 그런 일을 할 만한 아무런 준비도 돼 있지 않으니 어쩌지? 나는 성경을 충분히 알지도 못하고 게다가 모든 시간을 설교하면서 돌아다니는데 쓴다는 것은 여간 힘든 일이 아니거든. 나는 그런 생애를 보낼 만큼 건강하지를 못해. 미안!

□ 보통사람, 받아 마땅한 벌을 받다
빈 의자 사건

저녁을 먹으러 식구들이 식탁에 둘러앉을 때 라이너스 매킴보는 자기 아들의 비어 있는 의자를 보았다.
"빌 녀석이 대학엘 가버리고 마니까 이상하군. 온통 집안이 텅 빈 것 같지 않소?"하고 그가 아내에게 말했다.
"한동안은 그럴 거예요. 몇 년 동안 언제나 다섯 식구가 앉아 있었으니까"하고 그의 아내가 대꾸했다.
모두 자리에 앉자 그들은 언제나 하는 식탁 기도를 되풀이 했다.
"예수님 이 식탁에 오시어 우리의 손님이 되어주소서."
"아멘" 소리가 끝나기도 전에 12살짜리 래리와 9살짜리 앤니는 튀긴 닭과 삶은 감자를 자기 접시에 덜어놓느라고 바빴다.
매킴보 부인은 튀긴 야채를 덜어 래리에게 건네주었다.
그런데 라이너스 매킴보만은 꼼짝없이 앉아 아들의 빈 의자를 바라보고 있었다. 그는 눈을 감았다가 다시 떴다. 역시 빈 의자는 어김없이 제 자리에 있었다.
어떻게 이런 일이 일어날 수 있단 말인가? 이런 일은 한 번도 없었다!
그는 조금 전에 되풀이한 기도문을 생각해보았다. 그렇지만, 설마 그럴리가 없었다. 그분이 와서 앉아 계시다니!
그는 자기가 신경이 좀 어떻게 된 모양이라고 생각했다. 정말 요즘 얼마 동안 그는 너무 과로했었다. 그러나 그는 다시 생각했다. 자기가 그 분을 볼 수 있다면 다른 식구들도 볼 수 있지 않겠는가? 그는 식탁을 둘러 보았다. 모두들 요리 접시를 주고받으며 자기 그릇을 채우기에 바빴다.
 그는 말없이 아내의 시선을 붙잡아 비어 있는 — 아니, 조금 전까지만 비어 있었던— 의자를 보게 하려고 애를 썼다.
 그는 약간 고개를 기울여 빈 의자를 가리키고는 아내의 반응을 기다렸다. 그녀는 잠깐 남편을 의아스런 눈으로 바라보다가 이내 썰고 있던 닭고기를 다시 썰기 시작했다. 그는 다시 아내의 시선을 붙잡은 다음, 이번에는 한쪽 어깨로 빈 의자를 가리켰다.
 "여보!"하고 그의 아내가 말했다. "도대체 무슨 일이예요? 통 음식 먹을 생각을 않고 있으니! 당신 접시가 그대로 비어 있잖아요? 자, 당신 좋아하는 살코기예요." 그녀가 닭고기를 건네주었다.
 기계적으로 그는 아내가 주는 것을 받아 자기 접시에 놓았다.
 "이 감자하고 야채도 좀 드세요."
 그는 여전히 의자를 곁눈질로 바라보며 아내가 주는 것을 받았다.
 "여보, 무슨 일이에요?"
 그녀가 포크를 상에 놓고 그를 바라보았다.
 그는 다시 그녀로 하여금 빈 의자를 보게끔, 그녀의 두 눈을 들여다보다가 의자 쪽으로 시선을 슬쩍 돌렸다. 그리고 다시 아내의 눈을 보았다. 마침내, 아내가 의자를 보고 있었다!
 "왜요? 벌써 빌 생각을 하고 있는 거예요?"
 아내가 손을 뻗어 그의 손을 잡았다.

그녀는 분명 의자를 보았는데, 아무것도 보지 못한 것이다!

라이너스 매킴보는 다시 확인해 보았다… 그분은 여전히 의자에 앉아 있었다. 그 분은, 그들이 기도한 대로 손님이 되어 앉아 있었다. 그러나 그의 모습을 본 사람은 자기뿐이다!

"여보, 뭘 좀 먹도록 해요. 멀리 간 빌 생각이나 하면서 그냥 앉아 있으면 어떻게 해요?"

그는 닭고기를 물어뜯으려 했지만, 그러나 정신은 엉뚱한 데 가 있었다. 그래 아무도 그를 볼 수 없단 말인가? 자기들이 기도한 대로 와서 식탁에 앉아 계신 분을 아무도 보지 못한단 말인가?

그때 골목을 지나가는 이웃집 영감이 보였다.

"저길 봐!" 래리가 손가락으로 창밖을 가리키며 소리 질렀다. "늙은 영감쟁이 징글러 할아범이 지나간다!"

"래리야."

매킴보는 옆 의자에 앉아 있는 손님을 의식하며 점잖게 타일렀다.

"그런 소리를 하면 안 돼요."

"왜? 아빠도 언제나 그렇게 말했잖…?"

라이너스 매킴보는 맹렬하게 헛기침을 해댔다. 그 바람에 막 우유를 따르려던 앤니가 깜짝 놀라 우유를 엎질렀다. "아빠! 무슨 기침을 그렇게 해요? 깜짝 놀랐잖아요?"

"괘… 괜찮다, 애야."

"아빠, 정말 괜찮아요? 내가 우유를 엎질렀는데도 오늘은 야단을 안 치시는 거예요?"

"음, 흠……" 라이너스 매킴보는 다시 헛기침을 하면서 곁눈질로 의자를 훔쳐보았다.

"에…흐흠!"

"그리고 오늘은 닭고기 요리에 대해서 뭐라고 흠을 잡지도 않으시는군요?" 그의 아내가 반쯤 놀려대는 투로 말했다. "너무 짜다는 둥, 덜 익었다는 둥, 너무 익었다는 둥… 말도 많으시더니, 오늘은 어째 너무 얌전하시네요?"

"음… 나는…"

그는 더 이상 의자 쪽을 쳐다볼 용기가 나지 않았다.

"어쨌든, 어서 드세요"하고 그의 아내가 밝게 말했다. "식사를 하는 동안에는 빌 생각을 잊도록 해요."

그는 안 넘어가는 음식을 억지로 삼켰다.

그의 아내가 디저트로 딸기 케이크를 가져왔다.

딸기 케이크는 그의 구미를 조금 당겼지만, 그러나 아내가 주는 것을 기분 좋게 다 먹을 수는 없었다. 그런데도 식구들 중 아무도 그것을 눈치 챈 것 같지는 않았다. 그들은 열심히 딸기 케이크를 먹어댔다.

"엄마, 내려가서 캐디하고 좀 놀아도 돼요?" 앤니가 케이크를 다 먹고 나서 말했다.

"나는 프레드와 모형 자동차를 손질하러 가겠어요." 래리도 저고리를 걸치며 말했다.

그의 아내가 빈 그릇을 가지고 설거지를 하러 가자, 비로소 라이너스 매킴보는 식탁에 앉았던 식구들이 모두 떠난 것을 알게 되었다. 그는 조심스럽게 의자 쪽을 보았다. 의자는 비어 있었다. 그는 다시 보았다. 분명히 아무도 없었다. 그는 의자에 다가가 손으로 비어 있는 것을 확인했다.

"여보." 그의 아내가 부드럽게 말했다. "빌이 떠나간 게 그렇게도 상심이 되거든 그의 의자를 거실로 옮기도록 하지요. 식탁에 빈 의자를 놓아둘 필요는 없으니까요. 손님이 올 때는 언제든지 다시 내오면 돼요."

라이너스 매킴보가 천천히 대답했다.

"그럽시다. …손님이 오시거든."

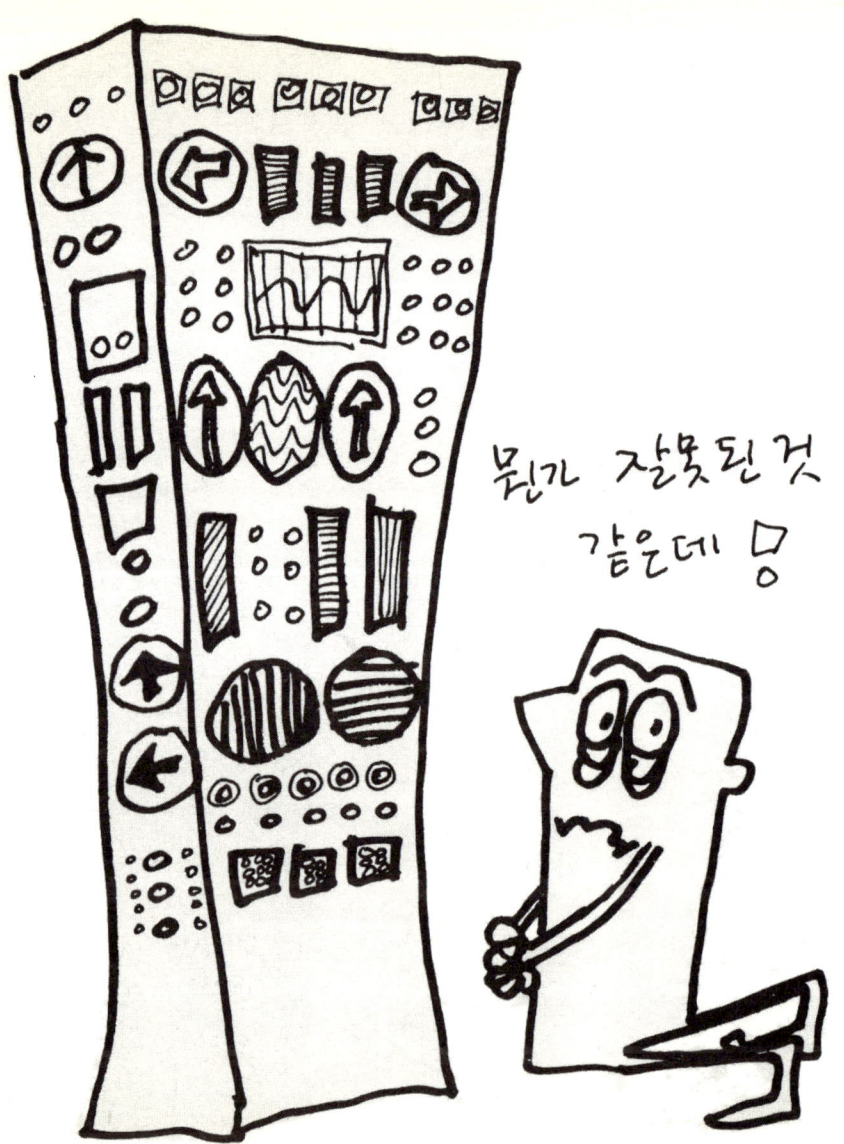

□ 보통사람, 기도를 중단하다
약간의 문제가 있었다

어젯밤 기도하는데 약간의 문제가 있었다. 내가 "사랑하는 아버지"하고 말하는데 그 말이 끝나기도 전에 웬 천사의 목소리가 들렸다.
"몇 번이십니까?"
"몇 번이냐고요? 난 지금 기도를 하고 있어요!"
"알아요. 당신의 번호가 몇이냔 말이오!"
"번호라니요?"
"며칠 전, 당신의 번호를 알려주는 카드를 당신에게 발송했는데요."
"카드요? 오, 그 구멍투성이 초록색 쪽지 말입니까?"
"맞았어요. 지금 그것을 찾아주시겠어요? 그 카드의 왼쪽 아래 구석에 적혀 있는 번호를 나에게 알려주시면 내가 당신의 부호를 전자 컴퓨터에 넣겠어요. 그러면 당신의 메시지가 녹음될 것입니다."
그의 목소리는 먹다 남은 햄버거처럼 서늘했다.
"녹음이라고요? 아니, 그럼 내가 직접 하느님께 말씀 드릴 수는 없단 말이오?"
"우리는 전체 시스템을 지금 바꾸고 있는 중입니다. 지금은 당신의 호출을 우리가 중간에서 연결시켜주지만, 이제 교환 장치가 모두 완전자동이 되면 IBM기계가 당신의 일을 모두 처리해드릴 것입니다."
"알겠어요, 그렇다면…"
어떻게 말을 꺼낼 것인가? 찬양과 기원의 말을 어떻게 레버와 기어 투성이 기계에다 대고 말할 것인가? 그러나 일이 이미 그렇게 된 이상 어쩔 수 없었다. 나는 더듬거리며 말했다.

"하느님께 방금 시카코행 기차를 탄 내 친구 루이스를 돌봐달라는 부탁을 드리고 싶어요."

"그녀의 번호는 몇이지요?"

"번호요? 모르겠어요."

"그렇다면 그녀의 인상착의를 말씀해 주시겠어요?"

"그러죠. 나이는 19세, 곱슬머리, 푸른 눈, 기는 5피트6인치, 몸무게 약 120파운드, 털실로 짠 흰 스웨터를 입고 있음!"

"어느 기차를 탔는지요?"

"언, 기차냐고요? …에… 또… 내 생각에는 일리노이즈 중앙선 같아요."

"지금 그 기차가 어느 지점을 달리고 있는지, 정확하게 일러주시겠어요?"

"여보시오. 내가 알고 있는 건 다만 그 기차가 내일 아침 일곱 시쯤 시카고에 닿는다는 것뿐이오!"

"그리고 그녀의 이름은 루이스라고요?"

"예, 루이스 페터슨이오!"

"끝 이름의 철자는 어떻지요?"

"피-아-티-아-알-에스-오-엔!"

"펜이라고 말할 때의 그 '피'잡니까?"

"예."

"그런데 그녀의 번호는 모르시는군요?"

"모릅니다."
"이대로 해보겠습니다. 그렇지만 그녀의 번호가 없이는, 아무래도…"
"예, 예, 알겠습니다!"
일은 점점 사람의 약을 올리는 방향으로 나아가고 있었다.
"더 다른 소원이 없다면 당신의 스위치를 찬양부(部)로 돌리겠습니다. 그곳에서 일을 마치면 당신은 용서부(部)로 연결될 것입니다. 이제 세 번 전자 벨이 울리거든 당신의 메시지를 시작하십시오. 질문 있습니까?"
"저… 나는…"
"벨이 세 번 울릴 때까지 기다리세요. 그리고 나서 당신의 메시지를 시작하는 겁니다."
그의 목소리가 찰칵, 하고 끊어졌다.
첫 번째 벨 소리가 들렸다. 차가운 금속성이 나의 피를 서늘하게 만들었다. 다른 두 번째의 벨소리를 기다리지 않고, 나는 꿇었던 무릎을 펴고 일어나 침대로 기어 올라갔다. 그리고 불을 껐다.
때로 일이 너무 지나쳐서 탈이다.

□ 보통사람, 또 다른 사실을 발견하다
하늘나라의 정오

나는 내가 죽어 하늘나라로 올라간 꿈을 꾸었다. 아침이었다. 목까지 감싼 스웨터를 입은 베드로가 긴 수염을 바람에 날리며 문에서 나를 맞았다. 그는 아주 다정했다.

"이리로 곧장 들어오게."

그의 말을 듣고 문 안에 들어서자 나는 약간 당황했다. 어디로 갈는지 몰랐기 때문이었다. 나는 망설이면서 물었다. "이제 어디로 갑니까?"

"우선 하느님 아버지를 만나고 싶겠지? 이 길을 똑바로 내려가면 큰 빌딩에 닿게 될 걸세. 다른 길은 없으니까 길을 잃어버릴 염려는 없네. 그리고 이것을…" 그는 종이쪽지 한 장을 내 손에 쥐어주며 말을 계속했다. "가지고 가게. 거기에 닿으면 자네에게 도움이 될 테니까."

나는 그에게 감사하고 곧장 길을 걸어 내려가기 시작했다. 내가 걷는 동안 줄무늬 다람쥐 만한 갈색 털북숭이 짐승 한 마리가 길 가의 풀숲을 들락거리며 앞서거니 뒤서거니 나를 따라왔다.

그리고 내가 한 번도 본 적이 없는, 온갖 꽃들이 피어 있는 커다란 화단에서 달콤한 향기가 피어올랐다. 머리 위 높은 나무 가지에서는 작은 새가 아름다운 가락으로 노래를 부르고 있었다.

그러나 길을 갈수록 나는 점점 더 이상하다는 생각이 들었다. 꽤 오래 왔는데도 그동안 사람은 하나도 보지 못했기 때문이었다. 어쩌면 오늘이 하늘나라의 무슨 명절이어서 모두들 행사에 갔는지도 모른다고 나는 생각했다. 그러나 그렇다고 해서 이렇게 한 사람도 눈에 띄지 않을 수 있을까?

반시간은 더 걸었다 싶었을 때, 드디어 커다란 빌딩이 나타났다. 나는 어느덧 거대한 황금 문 앞에 섰다.
　문 옆에 서 있던 천사들이 뒤로 물러섰다. 머뭇거리면서 문의 손잡이에 손을 대자 문이 저절로 열렸다.
　옥좌로부터 너무나도 눈부신 빛이 비추고 있었으므로 나는 무릎을 꿇고 손으로 얼굴을 가렸다.
　한참 뒤에 손을 얼굴에서 떼자 하느님의 음성이 들려왔다.
　"마침내 네가 여기에 왔구나. 너를 기다리고 있었다."
　그분이, 나를 기다렸다는 것이었다!
　나는 눈을 떠 그분을 바라보았다. 그분은 내가 생각했던 빛나는 옥좌에 앉아 계시지 않고 커다랗고 거친 바위에 앉아 계셨다. 그분의 발아래에 내가 지구라고 여겨온 혹성이 천천히 돌고 있었다.
　그분은, 나에게 일어서서 당신 앞에 서라고 눈짓을 하셨다. 그분 앞에 서자 물어보고 싶은 것들이 너무나도 많았다.
　그러나 무엇보다도 먼저 떠오른 것은, 하늘나라에 들어오면서부터 궁금했던 일, 즉 모두들 어디에 있는지를 알고 싶었다.
　나는 용기를 내어 물어보았다.
　"모두들 어디에 있사옵니까?"
　"모두들이라니? 네가 말하는 '모두들'이란 누구를 가리키는 말이냐?" 하고 하느님이 물으셨다.

"사람들이지요. 제가 저 세상에서 알던 모든 사람들 말씀입니다. 그들은 저보다 먼저 이리로 왔는데요? 제가 여기에 들어온 뒤로 한 사람도 보지 못했습니다. 그들은 모두 어디에 있습니까?"

하느님은 바위에 등을 기대시고 나에게 해줄 말을 생각하시는 듯 했다. 그러나 그분의 대답은 여간해서 떨어지지 않았고, 나는 마침내 안절부절 못하게 되었다. 손바닥에 땀이 뱄다. 오른손을 펴자, 성 베드로가 나에게 주었던 종이쪽지가 바닥에 떨어졌다. 나는 쪽지를 집어 거기 적혀 있는 글을 읽어보았다.

"잘 들어라. 내가 진정으로 말한다. 네가 나의 가장 비천한 형제 하나에게 해준 것이 곧 나에게 해준 것이다."

나는 어째서 성 베드로가 이 말이 나에게 도움이 될 것이라고 했는지 알 수 없었다. 그것은 익히 잘 아는 말이었다. —지상에 있을 때 얼마나 여러 번 읽었던가?— 그런데 왜 이 순간 이 말이 나에게 도움이 된다는 걸까?

이윽고 하느님께서 말씀하셨다.

"모두들 어디 있느냐고 물었지? 모두들이라…"

그분에게는 "모두들"이라는 말이 특별한 의미를 지닌 말인 것 같았다.

"너는 지상에 살 때에도 나하고 너 외에는 아무도 없었지 않느냐?"

□ 보통사람, 상대방이 되어 생각해보다
내가 만일 흑인으로 태어났다면

내가 만일 흑인으로 태어났다면
나는 열등한 인간으로 자처할 것인가?
나는 스스로 기꺼이 구박이나 받으며 비열한 인간으로 살아갈 것인가?
억울한 일을 당해도
상처를 입어도
모욕을 당해도 항거하지 않을 것인가?
상점의 두꺼비집이나 손보려고 전기 공학 박사 과정을 밟을 것인가?

내가 만일 흑인으로 태어났다면
코앞에서 문이 꽝 닫혀도 아무 말 않을 것인가?
연좌데모에도, 행진에도, 시위 데모에도 가담하지 않을 것인가?
내 집 아이들이 얻어맞아 피를 흘리는 데도 앙갚음하지 않을 것인가?
밤거리에 불이 타오르는데도 묵묵히 창문 밖을 내다만 볼 것인가
그냥 무작정 참고 기다리기만 할 것인가?
내가 만일 흑인으로 태어났다면.

□ 보통사람, 하느님을 보지 못했다는 소련의 우주인을 기억하다
…에 계시는 하느님

거기 우주 공간에 보이는 형체로, 이 육신의 눈으로 볼 수 있는 형체로 당신이 앉아 계실 줄 생각했던가요?

슬그머니 고개를 들어 당신을 훔쳐볼 수 있다고 생각했던가요?

하느님, 하늘은 어디에 있습니까? 아니면 인간이 탐색할 수 있는 가장 먼 공간의 끝 그 너머에 있습니까? 아니면 가까이에… 너무나도 가까워서… 지구가 그 위에 바로 얹혀 있는 그런 데 있습니까?

오, 하느님, 광대한 우주의 보이지 않는 창조자시여. 오늘날 당신의 우주를 탐색하는 우리의 지식을, 당신에 관한 우리의 작은 생각들을 보다 큰 것으로 바꿔주소서.

바로 여기,

우리들의 숨결보다도 더 가까이 계시는 우리 아버지.

우주선에 탔던 그 사람이 과연 참으로 당신을 보고자 원했던가요.

아이야, 너는 양이 내가 보여.

□ 보통사람, 하느님을 발견하다
성 의무 교회에서 일어난 일

주일 아침이었다.

퀴굴라 존스는 성 의무 공동체 교회의 계단을 올라가 안으로 들어갔다.

그는 교회 내부 구조를 익히 잘 알고 있었으므로 천장의 검게 노출된 대들보나 언제나 음산한 분위기 따위에는 좀처럼 신경을 쓰지 않았다.

이 교회는 그가 영아세례를 받은 교회요, 어린 시절을 보낸 교회로서 지금도 여전히 그는 이 교회를 다니면서 그리스도인으로서의 의무를 다하는 중이었다. (그의 철저한 의무감은 매일 아침 학교 가는 길에 지나치게 되는 커다란 게시판을 볼 때마다 더욱 강해졌다. 지방의 어느 봉사단체가 세운 그 게시판에는 언제나 굵직한 글자로 이런 구호가 내걸려 있었다. "당신의 마을을 위하여 당신은 무엇을 했는가? — 이번 주일에는 교회로!")

예배가 시작되자 퀴굴라는 의무적으로 자신이 부르고 싶은 마음 보다 더 크게 찬송을 불렀다.

의무적으로 그는 개회 기도를 들었다.

의무적으로 그는 기도했다.

의무적으로 그는 자신이 바치고 싶은 것보다 더 많은 제물을 제단에 바쳤다.

그 순간 사건이 발생한 것이다.

왜 그리고 어떻게 그 일이 일어났는지는 자신도 알 수 없었다. 의무적으로 설교를 듣고 있는데 갑자기 한 가지 깨달음이 그의 머리를 후려쳤다.:
"하느님은 계시다!"

넋이 나간 그는 설교의 나머지를 듣는 것도 잊고 마지막 송영을 크게 부르는 것도 잊고 교회 문을 나서면서 목사와 악수하는 것도 잊었다.
 햇살이 눈부신 밖으로 나오자 그는 세상에다 대고 소리를 질렀다.
 "하느님은 계시다!"
 동료 교우 한 사람을 만나 손을 잡고 그는 엄숙하게 말했다.
 "하느님은 계시네!"
 귀여운 계집아이의 머리를 쓰다듬으면서 그는 자상하게 말했다.
 "하느님은 계시단다."
 계단을 내려오고 있던 다른 신도들은 의무적으로 그의 경박스런 행동을 무시했다. 의무적으로 그들은 그와 눈이 마주치는 것을 피했다. 의무적으로 그들은 그의 말을 못 들은 것으로 해뒀다. 그가 보여준 것과 같은 행동은 성 의무 공동체 교회에서는 도무지 어울리지 않는 것이었다.

옮기고 나서

물음은 언제나 대답을 포함한다. 사람이 사람에 관하여 혹은 하느님에 관하여 묻는 물음 속에는 성스러운 무엇이 포함되어 있다. 그것은 몇 마디 말로써 표현될 수 없는 것이면서 또한 수십만 마디 말로써도 표현될 수 없는 것이다.

다만, 의미는 물음을 묻는다는 것 그 자체에 있다. 이 책은 젊은이들이 하느님에 관하여, 하느님과 세계의 관계에 관하여 정직하게 묻는 물음들이다. 간단한 형식을 지니고 있지만 그것들이 포함하고 있는 의미의 세계는 결코 단순하지 않다.

일단 세상에 태어난 이상 우리는 보다 깊은 의미를 찾아 끊임없이 도전하고 고민해야 할 의무를 지닌다. 그것은 하느님을 찾는 순례의 길이 될 수도 있고 자기를 발견하는 탐색이 될 수도 있다.

우리는 생각을 하면서 살아간다. 생각이란 꼭 로댕의 「사색하는 사람」처럼 심각한 폼을 잡고 해야 하는 것은 아니다. 버스의 손잡이를 잡고 서서도 할 수 있고 변소에 앉아 할 수도 있다. 일상생활 속에서 스쳐지나가는 생각들을 순간에 포착하는 기술이야말로 얼마나 멋진 기술인가?

이 책은 책을 옮기면서 무척 재미가 있었다. 이 재미가 확산될 것을 나는 믿었고 친구들도 그럴 것이라고 했다.

이 어려운 시절에 이춘호 선생이 책을 만들어보자는 참으로 갸륵한 뜻을 실천함에 있어 콧날이 찡해오는 걸 숨기고 싶지 않다.

그렇다 우리는 서로 믿고 의지해야 한다. 각박한 세상일수록 우리는 때로 웃음 속에 눈물을 감추며 살아가는 멋을 잃지 않아야 한다.

이 책은 가난한 목사, 가난한 화가, 가난한 출판쟁이가 가난한 독자들을 위하여 땀 흘려 만들었다. 하느님께서는 굽어 살피시어 이 책을 읽는 사람들에게 즐거움과 눈물을 내려주옵소서. 아멘.

7월 22일 죽변에서   이 현 주

이현주

이현주 목사는 관옥(觀玉) 또는 이오(二吾)라고도 불린다. 목사, 동화 작가, 번역 문학가이기도 한 그는 1944년 충주에서 태어나 감리교신학대학교를 졸업했다. 동서양을 아우르는 글을 쓰면서 대학과 교회 등에서 강의도 하고 있다. 모든 사람들이 몸과 마음에 좋은 생각들을 담아 좋은 마음으로 살아가기를 바라는 마음으로 글을 쓰고 있다.

저서로 『사람의 길 예수의 길』, 『이아무개의 장자 산책』, 『대학 중용 읽기』, 『무위당 장일순의 노자 이야기』, 『길에서 주운 생각들』, 『이아무개 목사의 금강경 읽기』, 『이아무개 목사의 로마서 읽기』, 『이아무개의 마음공부』, 『젊은 세대를 위한 신학강의』, 『예수의 죽음』, 『지금도 쓸쓸하냐』, 『성서와 민담』, 『나의 어머니, 나의 교회여』, 『돌아보면 발자국마다 은총이었네』, 『장자산책』, 『길에서 주운 생각들』 등이 있고, 역서로 『배움의 도』, 『사랑 안에서 길을 잃어라』, 『숨겨진 보물을 찾아서』, 『예언자들』, 『세기의 기도』, 『아, 그렇군요』 등이 있고, 동화로는 <알게 뭐야> <살꽃이야기> <가죽피리> <웃음총> <바보온달> 등 많은 작품이 있다.

보통사람의 신앙고백 ②
하느님은 나의 목자시라, 그렇지만…

초판 1쇄 발행 / 1981년 9월 9일
개정 1쇄 발행 / 2013년 7월 9일

지은이 | 바바라 유르겐센
옮긴이 | 이 현 주
펴낸이 | 이 춘 호
펴낸곳 | 당그래출판사

등 록 | 제22-38호 등록일자
주 소 | 100-250 서울 중구 예장동 1-72 (퇴계로 32길 34-5)
전 화 | 02)2272-6603
팩 스 | 02)2272-6604
홈 피 | dangre.co.kr
이메일 | dangre@dangre.co.kr

값 6,000원

ⓒBarbara Jurgensen, Printed in Korea, 1981

당그래. 논 밭의 흙을 고르거나 씨뿌린 뒤 흙을 덮을 때, 곡식을 모으거나 펼 때 사용하는 우리 농기구 이름이고,
당그래출판사는 각지 사방에 흩어져 있는, 우리 삶에 양식 될 원고를 모아 정성들여 펴내는 일을 하는 곳입니다.